LE BOURGEOIS GENTIL-HOMME,

Comedie-Ballet.

Donné par le Roy à toute ſa Cour dans le Chaſteau de S. Germain en Laye, au mois de Decembre 1681.

A PARIS,
Par CHRISTOPHE BALLARD, ſeul Imprimeur du Roy pour la Muſique, ruë S. Jean de Beauvais, au Mont Parnaſſe.

M. DC. LXXXI.
AVEC PRIVILEGE DE SA MAIESTE'.

LE BOVRGEOIS GENTIL-HOMME,

Comedie-Ballet.

Donné par LE ROY à toute ſa Cour dans le Chaſteau de S. Germain en Laye.

L'OUVERTURE

Se fait par un grand aſſemblage d'Inſtrumens.

DANS LE PREMIER ACTE.

UN Eléve du Maiſtre de Muſique compoſe ſur une table un Air que le Bourgeois a demandé pour une Serenade.

L'Eleve de Muſique, *Monſieur Gaye.*

Une Muſicienne eſt priée de Chanter l'Air qu'a compoſé l'Eleve.

La Muſicienne, *Mademoiſelle de S. Chriſtophe.*

Laquelle chante les parolles qui ſuivent.

IE languis nuit & jour, & mon mal eſt extréme
Depuis qu'à vos rigueurs vos beaux yeux m'ont ſoûmis,
Si vous traitez ainſi, belle Iris, qui vous ayme,
Helas! que pourrez-vous faire à vos ennemis?

Aprés avoir fait chanter cét Air au Bourgeois, on luy fait entendre dans un Dialogue un petit eſſay des diverſes paſſions que peut exprimer la Muſique. Il entre pour cela un Muſicien.

Le Muſicien, *Monſieur Gaye.*

DIALOGUE EN MUSIQUE.

Mademoiſelle de S. Chriſtophe.

VN cœur dans l'amoureux empire
De mille ſoins eſt toûjours agité,
On dit qu'avec plaiſir on languit, on ſoûpire;
Mais quoy qu'on puiſſe dire
Il n'eſt rien de ſi doux que noſtre liberté.

Monsieur le Maire.

Il n'est rien de si doux que les tendres ardeurs
Qui font vivre deux cœurs
Dans une mesme envie,
On ne peut estre heureux sans amoureux desirs,
Ostez l'amour de la vie,
Vous en ostez tous les plaisirs.

Monsieur Gaye.

Il seroit doux d'entrer sous l'amoureuse loy
Si l'on trouvoit en amour de la foy,
Mais, ô rigueur cruelle!
On ne voit point de Bergere fidelle,
Et ce sexe inconstant trop indigne du jour
Doit faire pour jamais renoncer à l'amour.

Monsieur le Maire.

Aymable ardeur!

Mademoiselle de S. Christophe.

Franchise heureuse!

Monsieur Gaye.

Sexe trompeur!

Monsieur le Maire.

Que tu m'es precieuse!

Mademoiselle de S. Christophe.

Que tu plais à mon cœur!

Monsieur Gaye.

Que tu me fais d'horreur!

Monſieur le Maire.

Ah ! quitte pour aymer cette haine mortelle.

Mademoiſelle de S. Chriſtophe.

On peut, on peut te monſtrer
Une Bergere fidelle.

Monſieur Gaye.

Helas ! où la rencontrer ?

Mademoiſelle de S. Chriſtophe.

Pour deffendre noſtre gloire
Je te veux donner mon cœur.

Monſieur Gaye.

Mais, Bergere, puis-je croire
Qu'il ne ſera point trompeur ?

Mademoiſelle de S. Chriſtophe.

Voyons par experience
Qui des deux aymera mieux.

Monſieur Gaye.

Qui manquera de conſtance,
Le puiſſent perdre les Dieux.

Monſieur le Maire.

A des ardeurs ſi belles
Laiſſons-nous enflammer.

Tous trois,

Ah ! qu'il eſt doux d'aymer
Quand deux cœurs ſont fidelles.

En ſuite de ce Dialogue le Maiſtre à dancer luy fait voir auſſi un petit eſſay des plus beaux mouvemens, & des plus belles attitudes dont une dance puiſſe eſtre variée.

Quatre danceurs.

Meſſieurs Favier l'aiſné, Leſtang l'aiſné,
Faüre, & Bouteville.

Un Maiſtre Tailleur luy vient apporter un habit, qu'il luy fait veſtir en cadence par ſix garçons Tailleurs.

Les ſix Garçons Tailleurs.

Meſſieurs Pecour, Leſtang l'aiſné, Favier l'aiſné,
Favier cadet, Joubert, & Noblet.

Le Bourgeois eſtant habillé leur donne dequoy boire, & les Garçons Tailleurs s'en réjoüiſſent par une dance.

DANS LE SECOND ACTE.

UNE femme de qualité vient disner chez le Bourgeois, qui pour la mieux regaler luy fait oüir à table quelques Chansons à boire, qui sont chantées par trois Musiciens qu'il a fait venir.

Les trois Musiciens.

Messieurs de la Grille, Morel, & Miracle.

PREMIERE CHANSON A BOIRE.

Messieurs de la Grille & Morel.

UN petit doigt, Philis, pour commencer le tour,
Ah! qu'un verre en vos mains sont d'agreables armes!
Vous & le vin vous vous prestez des charmes,
Et je sens pour tous deux redoubler mon amour.
Entre luy, vous & moy, jurons, jurons ma belle,
Une ardeur eternelle.

Qu'en moüillant vostre bouche il en reçoit d'attraits,
Et que l'on voit par luy vostre bouche embellie;
Ah! l'un de l'autre ils me donnent envie,
Et de vous & de luy je m'enyvre à long traits.

Entre

Entre luy, vous & moy, jurons, jurons, ma belle,
Vne ardeur eternelle.

SECONDE CHANSON A BOIRE.

Messieurs Morel, & Miracle.

BVvons, chez amis, buvons,
Le temps qui fuit nous y convie;
Profitons de la vie
Autant que nous pouvons:
Quand on a passé l'onde noire,
Adieu le bon vin, nos amours,
Dépéchons nous de boire,
On ne boit pas toûjours.

Laissons raisonnner les sots
Sur le vray bon-heur de la vie,
Nostre Philosophie
Le met parmy les pots:
Les Biens, le sçavoir, & la gloire
N'oste point les soucis fâcheux,
Et ce n'est qu'à bien boire
Que l'on peut estre heureux

TOUS TROIS EMSEMBLE.

Sus, sus du Vin par tout, versez, garçons versez,
Versez, versez toûjours, tant quon vous dise, assez;

DANS LE TROISIE'ME ACTE.

LE Bourgeois qui veut donner ſa fille au fils du Grand Turc, eſt annobly auparavant par une Ceremonie Turque, qui ſe fait en dance, & en Muſique.

Les Acteurs de la Ceremonie ſont,

Vn Mufti, repreſenté par le Seigneur Chiacheron.

Douze Turcs Muſiciens aſſiſtans à la Ceremonie.

Meſſieurs Bernard, Ceberet, Frizon, Puvigny, Godoneſche, Guillegaut, Arnoul, Miracle, le Roy, le Maire, Rebel, & Gaye fils.

Quatre Dervis.

Meſſieurs Morel, Philbert, Gingant,
& Fernon l'aiſné.

Six Turcs dançans.

Meſſieurs Bouteville, Favier cadet, Pecour,
Leſtang l'aiſné, Joubert & Noblet.

LE MUFTI invoque Mahomet avec les douze Turcs, & les quatre Dervis; aprés on luy amene le Bourgeois auquel il chante ces paroles.

Le Mufti.

SEti ſabir
Ti reſpondir,
Se non ſabir
Tazir tazir

Miſtar Muſti
Ti quiſtar ti
Non entendir
Tazir tazir.

Le Mufti demande en meſme langue aux Turcs aſſiſtans de quelle Religion eſt le Bourgeois, & ils l'aſſeurent qu'il eſt Mahometan. Le Mufti invoque Mahomet en langue Franche, & chante les paroles qui ſuivent.

Le Mufti.

Mahametta per Giourdina
Mi pregar ſera é mattina
Voler far un paladina
Dé Giourdina, dé Giourdina,
Dar turbanta é edar ſcarcina
Con galera é brigantina
Per deffender Paleſtina.
Mahametta, &c.

Le Mufti demande aux Turcs ſi le Bourgeois ſera ferme dans la Religion Mahometane, & leur chante ces paroles.

Le Mufti.

Star bon Turca, Giourdina.

Les Turcs.

Hi valla.

Le Mufti.

Hu la ba ba la chou ba la ba ba la da.

Les Turcs *répondent les meſmes Vers.*

Le Mufti propoſe de donner le Turban au Bourgeois, & chante les paroles qui ſuivent.

Le Mufti.

Ti non ſtar Furba.

Les Turcs.

No no no no.

Le Mufti.

Non ſtar furſanta.

Les Turcs.

No no no.

Le Mufti.

Donar Turbanta, donar Turbanta.

Les Turcs repetent tout ce qu'a dit le Mufti pour donner le Turban au Bourgeois. Le Mufti & les Dervis se coëffent avec des Turbans de ceremonies, & l'on presente au Mufti l'Alcoran, qui fait une seconde invocation avec tout le reste des Turcs assistans: aprés son invocation il donne au Bourgeois l'espée & chante ces paroles.

Le Mufti.

Tistar nobile é non star fabbola
Pigliar schiabbola.

Les Turcs, *repetent les mesmes Vers.*

Le Mufti commande aux Turcs de Bastonner le Bourgeois, & chante les paroles qui suivent.

Le Mufti.

Dara dara
Bastonnara, bastonnara.

Les Turcs, *repetent les mesmes Vers.*

Le Mufti aprés l'avoir fait bastonner luy dit en chantant.

Le Mufti.

Non tener honta
Questa star ultima affronta.

Les Turs, *repetent les mesmes Vers.*

Le Mufti recommence une invocation , & ſe retire aprés la ceremonie avec tous les Turcs, en dançant & chantant avec pluſieurs inſtrumens à la Turqueſque.

Toute la ceremonie eſt meſlée en pluſieurs endroits, tant du Mufti que des ſix Turcs dançans.

Le Bourgeois eſtant annobly donne ſa fille en mariage au Fils du Grand Turc, & toute la Comedie finit par un petit Ballet qui avoit eſté preparé.

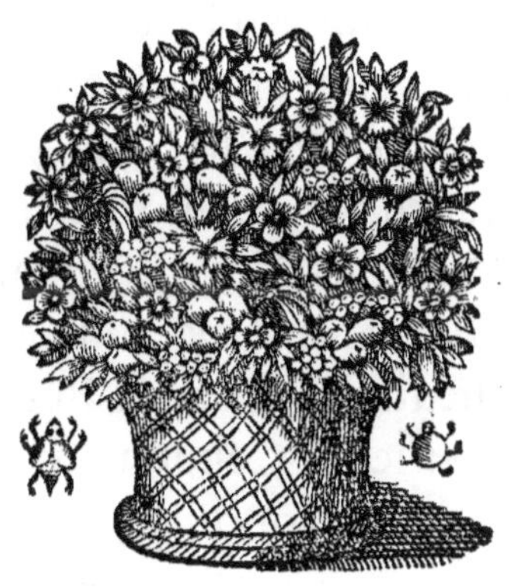

BALLET
DES NATIONS.
PREMIERE ENTRE'E.

VN homme vient donner les Livres du Ballet, qui d'abord eſt fatigué par une multitude de gens de Provinces differentes qui crient en Muſique pour en avoir, & par trois importuns qu'il trouve toûjours ſous ſes pas.

Le donneur de Livre, Monſieur Pecour.

Spectateurs Muſiciens.

Quatre hommes du bel air, Meſſieurs Fernon cadet, Rebel, Arnoul, & Gaye fils.

Quatre femmes du bel air, Meſſieurs Antonio, Jacart, Brunet, & Tomarſo.

Deux Vieillards, Meſſieurs Gaye, & Miracle.
Deux Gaſcons, Meſſieurs le Roy, & le Maire.
Deux Suiſſes, Meſſieurs Philbert & Bernard.
Deux Hongrois, Meſſieurs Ceberet, & Frizon,
Deux Flamens, Meſſieurs Jonquet, & Guillegaut.

Deux Pentalons, Meſſieurs Gingant, & Fernon l'ainé.

Deux petits Italiens, Meſſieurs Antonio, & Pietro.

DIALOGUE DES GENS qui en Muſique demandent des Livres.

TOUS.

A Moy, Monſieur, à moy de grace, à moy, Monſieur,
Un Livre, s'il vous plaiſt, à voſtre ſerviteur.

Homme du bel air.

Monſieur, diſtinguez-nous parmy les gens qui crient,
Quelques Livres icy, les Dames vous en prient.

Autre Homme du bel Air.

Hola Monſieur, Monſieur, ayez la charité
D'en jetter de noſtre coſté.

Femme du bel air.

Mon Dieu qu'aux prſonnes bien faites
On ſçait peu rendre honneur ceans.

Autre femme du bel air.

Ils n'ont des Livres & des Bancs
Que pour Meſdames les Griſettes,

Gaſcon.

Aho, l'homme aux Libres, qu'on m'en vaille,
J'ay déja lé poumon uſé,
Bous boyez que chacun mé raille,

Et

Et jé ſuis eſcandaliſé
De boir és mains de la canaille
Cé qui m'eſt par bous refuſé.

Autre Gaſcon.

Eh cadedis, Monſeu, boyez qui l'on pût eſtre,
Vn Libret, jé bous prie, au Varon d'Asbarat,
Jé penſe, mordy, que lé fat
N'a pas l'honnur dé mé connaiſtre.

Le Suiſſe.

Mon'-ſieur le donneur de papieir,
Que veul dir ſty façon de fifre?
Moy l'écorchair tout mon gozieir
A crieir,
Sans que je pouvre afoir ein lifre;
Pardy, mon foy, Mon'-ſieur, je penſe fous l'eſtre ifre.

Vieux Bourgeois babillard.

De toutcecy franc & net
Je ſuis mal ſatisfait,
Et cela ſans doute eſt laid
Que noſtre fille,
Si bien faite & ſi gentille,
De tant d'amoureux l'objet,
N'ait pas à ſon ſouhait
Vn Livre de Ballet
Pour lire le ſujet

Du divertissement qu'on fait,
Et que toute nostre famille
Si proprement s'habille
Pour estre placée au sommet
De la Salle, où l'on met
Les gens de l'intriguet:
De tout cecy franc & net
Je suis mal satisfait,
Et cela sans doute est laid.

Vieille Bourgeoise babillarde.

Il est vray que c'est une honte,
Le sang au visage me monte.
Et ce jetteur de Vers qui manque au capital
L'entend fort mal,
C'est un brutal,
Vn vray cheval,
Franc animal,
De faire si peu de conte
D'une Fille qui fait l'ornement principal
Du quartier du Palais Royal;
Et que ces jours passez un Comte
Fut prendre la premiere au Bal:
Il l'entend mal,
C'est un brutal,
Vn vray cheval,
Franc animal.

Hommes & Femmes du bel air.

Ah quel bruit!
Quel fracas!
Quel cahos!
Quel mélange!
Quelle confusion!
Quelle cohuë estrange!
Quel desordre!
Quel embarras!
On y seiche,
L'on n'y tient pas.

Gascon.

Bentre jé suis à vout.

Autre Gascon.

J'enrage, Dieu me damne.

Suisse.

Ah! qui ly fait saif dans sty sal de cians.

Gascon.

Jé murs.

Autre Gascon.

Ié pers la tramontane.

Suisse.

Mon foy moy le foudrois estre hors de dedans.

Vieux Bourgeois babillard.

Allons ma mie,
Suivez mes pas,

Je vous en prie,
Et ne me quittez pas,
On fait de nous trop peu de cas,
Et je ſuis las
De ce tracas,
Tout ce fatras
Cét embarras,
Me peſe par trop ſur les bras;
S'il me prend jamais envie
De retourner de ma vie
A Ballet ny Comedie,
Je veux bien qu'on m'eſtropie:
Allons mamie,
Suivez mes pas,
Je vous en prie,
Et ne me quittez pas,
On fait de nous trop peu de cas.

Vieille Bourgeoiſe babillarde.

Allons mon mignon, mon fils,
Regagnons noſtre logis,
Et ſortons de ce taudis
Où l'on ne peut eſtre aſſis;
Ils ſeront bien ébobis
Quand ils nous verront partis:
Trop de confuſion regne dans cette Salle
Et j'aymerois mieux eſtre au milieu de la Halle:

Si jamais je reviens à semblable regale,
Je veux bien recevoir des soufflets plus de six;
Allons mon mignon, mon fils,
Regagnons nostre logis,
Et sortons de ce taudis
Où l'on ne peut estre assis.

TOUS.

A moy, Monsieur, à moy de grace, à moy Monsieur,
Vn Livre, s'il vous plaist, à vostre serviteur.

SECONDE ENTRE'E.

Les trois Importuns.

Messieurs Faüre, Dumirail, & Lestang cadet.

TROISIE'ME ENTRE'E.

Espagnols chantans.

Messieurs de la Grille, Morel, & Gillet.

Monsieur Morel.

SE que me muero de amor
Y solicito el dolor.

A un muriendo de querer
De tambuen ayre adolesco
Que es mas de loque padezco
Loque quero padecer
Y no pudiendo exceder
Amidesco el rigor.

Se que me muero de amor
Y solicito el dolor.
Liconsicame lasuerté
Con piedad tan advertida,
Que me assegura lavida
En el riesgo de la muerté
Vivir de Lugolpe suerté
Es de mi salud primor.

Se que, &c.

Trois Espagnols dançans.

MONSEIGNEUR.

Monsieur le Prince de la Roche-sur-Yon.
Monsieur le Comte de Brionne.

Trois Espagnolles dançantes.

Madame la Princesse de Conty.
Madame la Marquise de Seigneley.
Mademoiselle de Laval.

Deux Musiciens Espagnols.

Monsieur Morel, *Espagnol chantant.*

Ay que locura contanto rigor
Qu'exarse deamor
Del nino bonito
Que toto es dulçura
Ay que locura,
Ay que locura.

Monsieur Gillet, *Espagnol chantant.*

El dolor solicita,
El que al dolor se da
Y nadie deamor muere
Sino quien no save amar.

Messieurs Morel, & Gillet, *Espagnols.*

Dulce muerte es el amor
Con correspondencia ygual,
Ysi esta gozamos oy,
Porque la quieres turbar?

Monsieur Morel, *seul.*

Alegrese Enamorado
Y tome mi parecer
Que en esto dequerer
Toto es allar el vado.

Tous deux ensemble.

Vaya, vaya de fiestas,
Vaya, de vayle,
Alegria, alegria, alegria,
Questo de dolor es fantasia.

QUATRIE'ME ENTRE'E.

ITALIENS.

VNe Muſicienne Italienne fait le premier Recit, dont voicy les paroles.

La Muſicienne Italienne.

Mademoiſelle Rebel.

DI rigori armata il ſeno
Contro amor mi ribellai,
Ma fui vinta in un baleno
In mirar duo vaghi rai,
Ahi che reſiſte puoco
Cor di gelo a ſtral di fuoco.

Ma ſi caro é' l mio tormento
Dolce é ſi la piaga mia,
Ch' il penare é' l mio contento,
E l' ſanarmi é tirannia.
Ahi che più giova, é piace.
Quanto amor é più vivace.

Aprés l'Air que la Muſicienne a chanté, deux Scaramouches, deux Trivelins, & un Arlequin, repreſentent une nuit à la maniere des Comediens Italiens en cadence.

Les

Les deux Scaramouches.

Messieurs Lestang l'aisné, & Lestang cadet.

Les deux Trivelins.

Messieurs Faüre, & Boutteville.

Vn Harlequin.

Monsieur Pecour.

Un Musicien Italien se joint à Mademoisellle Rebel, & chante avec elle les parolles qui suivent.

Le Musicien Italien.

Monsieur Gaye.

Bel tempo che vola
Rapiscé il contento,
D'amor ne la scola
Si coglie il momento.

Mademoiselle Rebel.

Infin che florida
Ride l'eta
Che pur tropp' horrida
Da noi sen và.

Tous deux.

Sù cantiamo,
Sù godiamo,
Nebei di, di gioventù :
Perduto ben non sic raquista più.

Monſieur Gaye.

Pupilla che vaga
Mill' alme incatena,
Fà dolce la piaga
Felice la pena

Mademoiſelle Rebel.

Ma poiche frigida
Langue l'età,
Più l'alma rigida
Fiamme non hà.

Tous les deux.

Sù cantiamo, &c.

Aprés le Dialogue Italien, les Scaramouches & Trivelins dancent une réjoüiſſanee.

CINQUIE'ME ENTRE'E.

François.

DEux Muſiciens Poitevins dancent, & chantent les paroles qui ſuivent.

Deux Poitevins chantans.
Meſſieurs de la Grille, & le Roy.

Trois Poitevins dançans.
Meſſieurs Dumirail, Favier l'aiſné, & Bouteville.

Trois Poitevines dançantes.
Meſſieurs Favier cadet, Noblet, & Joubert.

MENUETS.

PREMIER MENUET.

Chanté par Monſieur Noblet.

AH! qu'il fait beau dans ces boccages!
Ah! que le Ciel donne un beau jour!

Monſieur de la Grille.

Le Roſſignol, ſous ces tendres feüillages
Chante aux Echos leur doux retour:
Ce beau ſejour,
Ces doux ramages,
Ce beau ſejour
Nous invite à l'amour.

SECOND MENUET.

TOUS DEUX ENSEMBLE.

VOy ma Climeine,
Voy ſous ce cheſne
S'entre-baiſer ces oyſeaux amoureux;
Ils n'ont rien dans leurs veux
Qui les geſne,
De leurs doux feux
Leur ame eſt pleine;
Qu'ils ſont heureux!
Nous pouvons tous deux,
Si tu le veux,
Eſtre comme eux.

Six autres François viennent aprés vestus galamment à la Poitevine, trois en hommes, & trois en femmes.

Trois Poitevins dançans.

Monsieur de Beauchamps.

Messieurs Favier l'aisné, & Bouteville.

Trois Poitevines dançantes.

Messieurs Favier cadet, Noblet, & Joubert.

SIXIE'ME ENTRE'E.

TOut cela finit par le mélange des trois Nations, & les aplaudissemens en dance, & en Musique de toute l'assistance, qui chante les deux Vers qui suivent.

Quels Spectacles charmans, quels plaisirs goûtont-nous!
Les Dieux mesmes, les Dieuy n'en ont point de plus doux.

FIN.

www.ingramcontent.com/pod-product-compliance
Lightning Source LLC
LaVergne TN
LVHW010013230826
846092LV00002B/797
* 9 7 8 2 3 2 9 6 4 7 1 4 2 *